मर्म

ऋचा अमित पटवर्धन

/ BookLeaf
Publishing

India | USA | UK

Made with ❤ on the BookLeaf Publishing Platform

www.bookleafpub.in

www.bookleafpub.com

Dedication

मेरी गुरु, प्रेरणा व दादी **स्व. श्रीमती शोभना भवरास्कर** को सादर समर्पित।

Preface

कविता – एक ऐसा माध्यम है जो शब्दों से नहीं, भावों से लिखी जाती है। हर कविता के भीतर एक धड़कन होती है, जो जीवन के किसी न किसी अनुभव से जन्म लेती है। यही अनुभव, यही संवेदनाएँ इस काव्य-संग्रह **'मर्म'** का आधार हैं।

'मर्म' – अर्थात *अंतर का सार, मन की गहराई, जीवन का स्पंदन।* इस पुस्तक का नाम **'मर्म'** इसलिए रखा गया है क्योंकि इसमें जीवन के विभिन्न रंग और रूप समाहित हैं। कहीं प्रकृति की शांति है, कहीं प्रेम की नमी, कहीं विरह की पीड़ा है, तो कहीं प्रार्थना की पवित्रता। साथ ही राजनीति और समाज के प्रश्न भी इन कविताओं में अपनी उपस्थिति दर्ज कराते हैं- क्योंकि जीवन केवल एक भाव नहीं, अनेक अनुभवों का संगम है।

इस संग्रह की प्रत्येक कविता किसी न किसी जीवनानुभूति से उपजी है- कभी देखे हुए दृश्यों से, कभी अनकहे शब्दों से, तो कभी भीतर उठे प्रश्नों से। पाठक जब इन कविताओं को पढ़ेगा, तो संभव है कि उसे इनमें अपना कोई अंश, अपनी कोई स्मृति या अपनी कोई भावना झलकती मिले।

यही इस पुस्तक का उद्देश्य भी है — जीवन के मर्म को शब्दों में पिरोना और पाठकों तक पहुँचाना।

Acknowledgements

"मर्म" की रचना यात्रा अनेक भावनाओं, अनुभवों और प्रेरणाओं से होकर गुज़री है। इस सफ़र में अनेक लोगों का स्नेह, सहयोग और विश्वास मेरे साथ रहा, जिनके प्रति मैं हृदय से आभारी हूँ।

सबसे पहले, मैं अपने माता-पिता श्री दीपक एवं श्रीमती दीपा भवरास्कर को नमन करती हूँ – जिनकी दी हुई संस्कारों की नींव और असीम स्नेह ने मुझे जीवन का अर्थ समझाया और संवेदनशील बनाया। किताब का कवर श्री दीपक भवरास्कर के सौजन्य से है।

अपने शिक्षकों, परिवार और मित्रों के प्रति मैं गहरी कृतज्ञता व्यक्त करती हूँ, आपके मार्गदर्शन के बिना यह पुस्तक अधूरी होती।

मेरे पति श्री अमित पटवर्धन को धन्यवाद, जिनका प्रेम, धैर्य और प्रोत्साहन हर पल मेरे साथ रहा। साथ ही मेरी सबसे करीबी आलोचक, मेरी सबसे मधुर कविता और बेटी दीक्षा को धन्यवाद और प्यार।

और अंत में, मैं Book Leaf Publishing Platform की आभारी हूँ, जिन्होंने पुस्तक के कवर पर नाम होने की मेरी इच्छा को साकार किया और 'मर्म' को पाठकों तक पहुँचाया है।

ऋचा अमित पटवर्धन

1. तू ही तू

सृष्टि तू, दृष्टी तू,
प्रखर प्रेम की वृष्टि तू।।

भास तू, आभास तू,
सर्वस्व हेतु प्रयास तू।।

ज्ञान तू, संज्ञान तू,
समझ सके तो विज्ञान तू।।

राग तू, अनुराग तू,
मिल जाये तो सौभाग्य तू।।

संग तू, सत्संग तू,
तू ही नश्वर, अभंग तू।।

चिंतन तू, चिरंतन तू,
मुझमें समाया निरंजन तू।।

तू भी तू, मैं भी तू
चहुँ ओर बस तू ही तू ।।

2. पतंग

सब कुछ भूल-भाल के
आसमां छूना चाहती है।

ऊपर-ऊपर और ऊपर
बादलों के तकिये पर सुस्ताना चाहती है।

उड़ते परिंदों से दुनिया का
हाल-हवाल जानना चाहती है।

इठलाती, लहराती, बलखाती
दुनिया को अपने रंग दिखाना चाहती है।

इन सबके परे,
खुली हवा में ज़रा सांस लेना चाहती है।

अफ़सोस के भूल जाती है कि
उसकी डोर किसी ओर के हाथ होती है।

सच कहते हैं लोग,
लड़कियाँ भी पतंग जैसी होती हैं।

3. दस्तक

उसकी आहट सुनो
और इस्तेकबाल करो
जाने कब ज़िन्दगी एक दस्तक दे जाये

छूटने न दो
कोई लम्हा हाथों से
जाने कब वो
बीता कल बन जाये

बंद मुट्ठी से भी
फिसल जाता है
जाने कब फितरत
अपनों सी हो जाये

मुस्कुरा भी दो
ए दोस्त,
आज ये वक़्त अपना है जाने कब बेगाना हो जाये

4. लहरें

जाने क्या कहने आती हैं
ये लहरें जाते जाते
मुझसे कुछ चुरा ले जाती हैं
मुझे मुझसा छोड़ जाती हैं

अपनी सी लगती है
जब करीब आती है
कुछ नई यादें ले जाती हैं
कुछ पुरानी यादें दे जाती हैं

आँख मूंद कर
जब सुनो कभी तो
कभी ग़ज़ल सुनाती है
कभी ख़ामोशी बन जाती हैं

अपनी कोख में
जाने क्या फ़साने छुपाती है
थोड़े सीपियों में मोती बनाती है
बाकी सितारों का दामन बन जाती है

लौटकर अपने किनारे जब आती है
और क़दमों के निशां मिटाती है
तो किसी की हस्ती मिटाती है
किसी की हस्ती बनाती है

जाने ये लहरें
आते जाते क्या कह जाती हैं!

5. बदमाश हो तुम!

चुपके-चुपके मलमल के परदे से झांकती हो
मुड़ के जब देखता हूँ झट से गायब हो जाती हो

महसूस करता हूँ तुम्हे मैं अपनी साँसों में
तुम बस अहसास बन रह जाती हो

तुम्हारी एक आहट बदलती है मौसम का मिज़ाज
और तुम मेरी चौड़ी-सी मुस्कराहट बन जाती हो

दीवानों की तरह ढूंढता हूँ मैं तुम्हे
दरीचों में, दरख़्तों में
और तुम मुझे छपाक-से भिगो जाती हो

ए बारिश,
तुम भी अक़्सर बदमाश हो जाती हो!

6. एक मोहल्ले की कहानी-1

सुना था,
एक मोहल्ला था,
पता नहीं कहाँ।

जहाँ वो साथ ही रहते थे,
शरारत से भरे,
हाथों में हाथ धरे।

कभी अम्मा अम्मी बन जाती,
और अम्मी दोनों के लिए दुआ मांगती,
हर गर्मी छतें एक हो जाती।

ईद क्या, दिवाली क्या,
मिठाई दोनों घरों में छनती,
खुशियाँ साथ गले मिलती।

अचानक एक तूफान, उड़ा ले गया सबकुछ,
एक बार फिर बंटवारा हुआ
और हर नाम शक के दायरे में आ गया।

आज फिर से
रिश्ते हार गए
राजनीती जीत गयी

7. एक मोहल्ले की कहानी-2

एक दिन, रेंगते-रेंगते
वो उस घर जा पहुंचा,
जहाँ जाने की मनाई थी।

पहली बार सालों में,
इस घर के किसी ने,
उस घर की दहलीज़ लांघी थी।

उस घर में
एकदम सन्नाटा था,
सुई गिरने तक की आवाज़ नहीं थी।

अचानक,
किलकारियां गूंजने लगी,
लय से काम निपटाते हाथ थम गए।

आँगन में यकायक
हलचल हुई,
उस घर का हर कोना वहाँ मौजूद था।

इतने अनजाने
चेहरों को देख
किलकारियाँ क्रंदन में बदल गयी।

दिमाग
पत्थर हो चुके थे,
लेकिन दिल पसीज गए।

वहीं रसोई में,
तेजी से चलते हाथ
थम गए

भाग कर जब उसे गोद लिया,
क्षण भर में
यशोदा अम्मी को अपना करीम कान्हा मिल गया।

8. गुलाल

लफ्ज़ अनकहे हैं
लेकिन मलाल नहीं
कही बातों से रुख पे
वो गुलाल भी तो नहीं

ख़्वाहिशें हैं निगाहों में
लेकिन सवाल नहीं
उन जवाबों से रुख पे
वो गुलाल भी तो नहीं

दुनिया है जहन में
लेकिन ख़याल में नहीं
बेख़याली से रुख पे
वो गुलाल भी तो नहीं

हसीं और भी हैं
लेकिन ऐसी मिसाल नहीं
किसी और रुख पे
वो गुलाल भी तो नहीं

9. चाबी की गुड़िया

कहते-कहते सुन जाती है
सुनते-सुनते कह जाती है

बनते-बनते रह जाती है
रहते-रहते बन जाती है

चलते-चलते थम जाती है
थमते-थमते चल देती है

हँसते-हँसते रो देती है
रोते-रोते हँस देती है

ज़िन्दगी है या गुड़िया चाबी की
अपनी हो तो औरों की भाती है

10. बदला जमाना, बदले हम

धूल में खेले थे कभी कंचों से,
अब सपनों से खेलते हैं
फर्क बस इतना-सा है कि
तब जीतने की खुशी थी,
अब जीतकर भी कुछ खो जाने का डर है।

लड़ते थे, मनते थे
अब देखकर पलटते भी नहीं
फर्क बस इतना-सा है कि
तब लम्हों की मिठास थी
और अब हवाओं में कड़वाहट है।

हर छत पर आसमान हुआ करता था
अब आसमानों पर घर है
फर्क बस इतना-सा है कि
तब दिल में जगह होती थी
और अब बस तंग गलियां है।

तब चवन्नी में भी इठलाते थे
अब करोड़ों भी कम लगते हैं

फर्क बस इतना-सा है कि
तब खुशियाँ अनमोल थी
अब खरीदकर भी नहीं मिलती।

11. मर्म

बूंदे उतरी धरती पर
किसी दुआ की तरह
धरती ने किया कुबूल
इनायत की तरह
इक ने दूजे से बात की
एक मर्म की तरह

कहीं कुछ छलक उठी
भीनी ख़ुशी की तरह
कहीं कोई गढ़ी आसमां पे
एक चाह की तरह
इक ने दूजे से बात की
एक मर्म की तरह

कोख से निकली कोई
एक अंकुर की तरह
कहीं तरसी कोई
एक बाँझ की तरह
इक ने दूजे से बात की
एक मर्म की तरह

कभी चेहरे पे रहती है
मुस्कान की तरह
किसी दिल में छुपी है
एक आँसू की तरह
न कहा, न सुना पर बात हुई
एक मर्म की तरह

12. रेवा का दिया

हरे-हरे पत्र पर
छोटा-सा दिया
जब रेवा* में उतरता है
वो मन्नत का दिया बन जाता है

उसके आराध्य के लिए
साथ लेकर बहता है
कई प्रार्थनाएँ
कई आशाएँ
कई सपने

कितनी बड़ी जिम्मेदारी है
इन नाजुक कंधों पर
हर आंधी से
उस लौ को बचाने की

रुकना उसके हाथ नहीं
थमना उसकी आदत नहीं
लहरें जहां ले जाए
उसका क्षितिज है वही

13. विरह

कभी-कभी अलमारी खोलकर तुम्हारी
एक लंबी साँस भर लिया करती हूँ
तुम्हारी भीनी खुशबु को
खुद के गिर्द समेत लेती हूँ

आरसा हो गया तुमसे मिले
तुम्हारी आँखों में झाँके
क्या अब भी मुस्कुराते हो तुम
बंजर धरती पर गिरी शबनम की तरह?

क्या अब भी महकते हो तुम
बालों से शाने पर टपकती बूंदों की तरह?

क्या अब भी सोचते हो मुझे तुम
मरुस्थल की मृगतृष्णा की तरह?

क्या अब भी महसूस करते हो तुम
मुझे अपनी रूह की तरह?

14. एक शिवाजी आया था

ऊँचे, प्रबल, दृढ़ पर्वतों परएक तेज पुंज जगमगाया था
हर घर ने तब एक आस दीप जलाया था

कहते हैं सालों पहले एक शिवाजी आया था.

तेजोमय सूर्यप्रकाश में भी जैसे
घनघोर अँधियारा छाया था
माँ बहनों की अस्मत बचाने
वो बन कन्हैया आया था...

कहते हैं सालों पहले एक शिवाजी आया था.

पथरा चुकी थी आँखें जब
हर फूल मुरझाया था
न्याय-नीति विद्वत्ता से
राम-राज ले आया था...

कहते हैं सालों पहले एक शिवाजी आया था.

अंगार थे गैरों की आँखों में
दुश्मन सीमा पार कर आया था
ले भवानी तलवार हाथों में
उसने अपना रूद्र-रूप दिखाया था

कहते हैं सालों पहले एक शिवाजी आया था.

डर ने जब चहुँ ओर
अपना साम्राज्य फैलाया था
माया ममता प्रेम से
वो लाखों का पिता बन पाया था...

कहते हैं सालों पहले एक शिवाजी आया था.

15. पर्सनल चाँद

यूँ तो आसमान में एक ही होता है
लेकिन सबका एक पर्सनल चाँद होता है

लोरी सुनाने वाला मामा जब सांता क्लॉज़ बन जाता है
बिन कहे हर ख़्वाहिश पूरी कर जाता है

किसी के चेहरे का चाँद, किसी के विरह का साथी होता है
इस दिल की बातें उस दिल तक पहुंचाता है

उसकी लम्बी उम्र की दुआ गर अधूरी रह जाये
अपनी शीतल बयार उसके सर पर सहलाता है

काली रात जो गहराती जाये, धीरे से एक सितारा भेजता है
और किसी दिन, दिन में भी निकल कर साथ निभाता है

कभी पूरा, कभी अधूरा, और कभी अमावस्या का
हर बार अलग होता है
लेकिन सबका एक पर्सनल चाँद होता है

16. घुमक्कड़

आज एक नया चश्मा चढ़ाते हैं
एक नया नज़रिया अपनाते हैं,
एक नई दुनिया घूम आते हैं.

कुछ लोगों से मिलते हैं,
थोड़ा उनकी सुनते, थोड़ी अपनी बतियाते हैं,
एक नई दुनिया घूम आते हैं.

पंचायतें कहीं, तो सीख कभी
अनदेखा कुछ खोद लाते हैं,
एक नई दुनिया घूम आते हैं.

किसी दिल तक पहुंचकर
भाषा का बंध तोड़ आते हैं
चलो,
एक नई दुनिया घूम आते हैं.

17. सामानों का इश्क

ये सामानों के साथ का इश्क कुछ अजीब सा होता है ना
हर कतरे में एक नई याद संजो जाता है

वो कागज में लिपटा हुआ इजहार
पहले प्यार का सूखा हुआ गुलाब

अपनी कमाई से ली हुई मां की साड़ी,
जिसमे उनके आंसू अब भी गीले हैं

एक धुंधली तस्वीर
रंग जिसके ताजे हैं आज भी

शादी की लाल साड़ी में लिपटी
नववधू की हुरहुर

बेटी के वो स्वेटर
जिनमे कई सपने बुने थे हमने

कुछ इजहार की बातें
कुछ तकरार की यादें

कभी कभी नए लम्हे संजोने के लिए
पुराने एल्बम को विदा करना पड़ता है

सामानों का ये इश्क एक दिन घर खाली कर जाता है
लेकिन अपना मन भर जाता है

18. अधूरी एक कहानी

एक और बात अधूरी रह गई
एक और रात अधूरी रह गई

जुड़े भी न थे
के टूट गए सांसों के तार
एक और सरगम अधूरी रह गई
एक और रात अधूरी रह गई

गीले से वो जज़्बात
भिगो गए मेरा लिहाफ
वो पुरानी पहचान अधूरी रह गई
एक और रात अधूरी रह गई

एक और बात अधूरी रह गई
एक और रात अधूरी रह गई

19. एक खत

मेज पर पड़ा वो खत
तेजी से फड़फड़ा रहा है
जैसे उड़कर उसे जाना हो कहीं

सिर्फ अल्फ़ाज़ नहीं है इसमें
आंखें भी जो कह न पाई
जैसे उड़ेली है सारी स्याही यहीं

ए काश पढ़ लें वो
उन स्याह रातों को
जैसे कि रंगी हो चुनर अभी

फड़फड़ाता रहेगा ऐसे ही
और खामोश हो जाएगा
जैसे जिंदगी थमती हो कहीं

20. विरासत

हाँ। थोड़ा दर्द तो हुआ होगा
जब कानों में सुई सा कुछ चुभा होगा।
बस उस दिन से वो गहना मेरा हिस्सा बन गया था।

माँ कहती है,
जब नया-नया चलना सीखा था,
आँगन भी कम पड़ता था।
छम-छम करता बचपन पता नहीं कब लड़कपन की ओर चला था।

आटे के डिब्बे में इक पोटली होती थी,
माँ जिसमें तिनका-तिनका मेरा कल जोड़ती थी।
हर बरस मेरा जन्म दिन उसीसे तो सजाती थी।

वो शाम, कैसे भूलेगी मुझे
बिखरे हुए पापा को माँ ने पोटली थमाई थी
और पापा की आँखों से सोना पिघला था।

उसी दिन ठान लिया था,
और अपनी पहली कमाई को
माँ के हाथों में सजाया था।

ज़िन्दगी ने करवट ली,
नए रिश्तों की
ज़िम्मेदारियों की
अपनेपन की।

आज मैं अपनी ये विरासत
नई पीढ़ी को सौंप रही हूँ,
उनकी यादों में
अपनी यादें जोड़ रही हूँ।

21. गोद

परियों के गाँव से
चॉकलेट की नाव से
फूलों की छाँव से
मेरी ऊँगली थामकर ले जा रहा है
आँख मूंद कर मुस्कुरा रहा है
मेरी गोद में एक सपना सो रहा है

बादल के गुब्बारों से
रेत के घरौंदों से
बगीचे के पतंगों से
मेरे गले की चेन पकड़कर खेल रहा है
आँख मूंद कर मुस्कुरा रहा है
मेरी गोद में एक सपना सो रहा है

पेड़ों की ऊंचाइयों से
नदी की गहराइयों से
जंगल की तन्हाइयों से
डरकर मुझसे और लिपट रहा है
आँख मूंद कर मुस्कुरा रहा है
मेरी गोद में एक सपना सो रहा है

सूरज की किरणों से
पनि की टप-टप से
चिड़िया की चुन-चुन से
अभी रूठकर करवट ले रहा है
आँख मूंद कर मुस्कुरा रहा है
मेरी गोद में एक सपना सो रहा है

हज़ारों खेलों से
ढेरों ख़्वाहिशों से
सतरंगी सपनों से
अब थक कर
मेरी गोद में एक सपना शायद अब जाग रहा है